RECHTSPHILOSOPHIE

UND

RECHTSWISSENSCHAFT.

Von

Dr. iur. Jacques Stern

in Berlin,

Gerichtsassessor.

Berlin 1904.

J. Guttentag, Verlagsbuchhandlung,

G. m. b. H.

Das empirische Wissen gibt der Jurisprudenz den Körper,

das philosophische gibt ihr den Geist.

Anselm v. Feuerbach,
Über Philosophie und Empirie in ihrem Verhältnisse
zur positiven Rechtswissenschaft.

Den für die Gesamtheit der Geisteswissenschaften bedeutungsvollen Kampf der historischen Rechtsschule mit dem Naturrecht, den nicht der innere Gegensatz der Anschauungen, sondern die Frage nach der „Notwendigkeit eines allgemeinen bürgerlichen Rechts für Deutschland" entfacht hatte, endete der glänzende Sieg der Richtung Savigny's: Das Naturrecht lag am Boden, der Gedanke eines einheitlichen Gesetzbuchs war im Keime erstickt. — Heute aber erfreut sich das geeinte Deutschland eines gemeinsamen bürgerlichen Rechts, und stetig mehrt sich die Zahl Derer, die von verschiedenen Richtungen aus gegen die historische Schule zu Felde ziehen.

Dieser Umschwung war kein plötzlicher; er bahnte sich bereits an, als die Frage nach einer einheitlichen Gesetzgebung die Gemüter von neuem zu bewegen begann. War doch die Lehre Savigny's besonders in diesem Punkte leicht einer „Modification"[1]) zugänglich, da der Führer der historischen Schule, einem umfassenden Gesetzbuche an sich nicht abhold, nur die Codification der abstracten Principien des Naturrechts an Stelle der geschichtlich entwickelten Rechtsgrundsätze

[1]) Frank, Naturrecht, geschichtliches Recht und soziales Recht, Leipzig 1891, S. 24.

zu verhindern gesucht hatte.[1]) Sollte aber auch der Sieg der historischen Schule über das Naturrecht nur ein Pyrrhussieg gewesen und dieses nach den Worten seines erbittertsten Gegners[2]) „noch gegenwärtig in üppiger Blüte“ befindlich sein? Der Antwort auf diese Frage muss notgedrungen eine Verständigung über Bedeutung und Begriff des Wortes „Naturrecht“ vorhergehen.

Versteht man unter Naturrecht das sogenannte alte Naturrecht, d. h. ein *a priori* construiertes in allen seinen Normen absolutes vollständiges Rechtssystem, so ist zu sagen: es ist das unvergängliche Verdienst Savigny's und seiner Schule, diese Art des Naturrechts für immer aus dem Kreise der Rechtswissenschaft und der Wissenschaft überhaupt verbannt zu haben.

Versteht man dagegen unter Naturrecht „jede Vorstellung von einem Recht, das von menschlicher Satzung unabhängig ist,“[3]) so lautet die Antwort: es gibt ein solches Recht, mag man es nun Naturrecht oder sonstwie nennen, neben dem positiven Recht. Dieses ist Gegenstand der positiven Rechtswissenschaft, jenes der Rechtsphilosophie.

So viel an dieser Stelle. Der näheren Ausführung des Gesagten sollen die folgenden Darlegungen dienen.

Wohl wenigen Begriffen ist eine solche Vieldeutigkeit eigen, wie den eben genannten: Rechtsphilosophie und Naturrecht. Seit den Zeiten der mittelalterlichen

---

[1]) Bergbohm, Jurisprudenz und Rechtsphilosophie, Bd. I, Leipzig 1892, S. 203 Anm. 7.

[2]) Bergbohm, a. a O, S. 480.

[3]) Bergbohm, a. a. O., S. 130.

Scholastik bis auf den heutigen Tag ist mit diesen Bezeichnungen der verschiedenste Inhalt[1]) verbunden worden: von den einen synonym gebraucht, werden sie von den anderen in völligen Gegensatz zu einander gestellt. Um die Verwirrung zu steigern, gesellt sich zu diesen beiden Begriffen noch eine Reihe anderer, die wiederum teils mit ihnen identificiert, teils in einen Gegensatz zu ihnen gebracht werden: Philosophie des positiven Rechts, allgemeine und philosophische Rechtslehre und andere mehr. Aber der Inhalt, nicht der Name entscheidet. Daher muß es an dieser Stelle mit der Anführung der Namen sein Bewenden haben; erst wenn wir wissen, was sich hinter dem Namen verbirgt, können wir zum Inhalt Stellung nehmen.

Es wurde gesagt: neben dem positiven Recht d. h. dem Recht der einzelnen Staaten gibt es noch ein anderes Recht. Die Frage ist: welcher Art ist dieses andere Recht, wie verhält es sich zum positiven Recht, steht sein Vorhandensein im Gegensatz zu Dem, was als Errungenschaft der historischen Schule bis heute betrachtet wurde?

---

[1]) Wie verschiedenes unter „Rechtsphilosophie" verstanden wird, zeigt ein Blick in die verschiedenen Auflagen der „Encyclopädie der Rechtswissenschaft" von Holtzendorff: In den ersten drei Auflagen behandelte Ahrens die Rechtsphilosophie („Recht und Rechtswissenschaft im Allgemeinen") vom Standpunkt der Krauseschen Philosophie aus, in der fünften Auflage trat Merkel mit den „Elementen der allgemeinen Rechtslehre" auf, in der sechsten Auflage Kohler mit der „Rechtsphilosophie und Universalrechtsgeschichte". Vgl. a. den Artikel „Rechtsphilosophie" in Eisler's Wörterbuch der philosophischen Begriffe 2. Aufl., Berlin 1904, Bd. II, S. 222.

I.

Zwei Erwägungen sind es, die den Gedanken des Vorhandenseins eines anderen Rechts neben dem positiven auftauchen und nicht zur Ruhe kommen lassen.

Zum ersten: Die gleichmäßige Wiederkehr einer Reihe der allgemeinsten Rechtssätze und wichtigsten Rechtsinstitute in ihren gröbsten Zügen in den Rechten aller Zeiten und Völker, worin die Frage liegt, ob es in aller Welt denkbar wäre, daß die Quelle dieser Übereinstimmung eine andere, als einzig und allein das allgemein - menschliche Vernunft- oder Naturrecht sein kann.

Zum zweiten: Die tatsächlich vorkommende Anlegung eines kritischen Massstabes an das positive Recht, worin die Frage liegt, ob diese Kritik in den meisten Fällen aus einer anderen Quelle, als aus dem allgemein-menschlichen Vernunft- oder Naturrecht geholt werden kann.

Es gilt zunächst, diese beiden Erwägungen näher ins Auge zu fassen.

Von jeher mußte es dem vom Rechte eines bestimmten Kulturvolkes ausgehenden unbefangen urteilenden Juristen auffallen, daß gewisse ganz allgemeine Rechtssätze und Rechtsinstitute sich in den Rechten aller Völker und aller Zeiten, wenigstens unter der Voraussetzung eines gewissen Grades der Civilisation, in gleicher Weise vorfinden.[1]) Bis in die jüngste Zeit aber gab es noch keine Wissenschaft, welche die verschiedenen Rechte der Kultur- und Naturvölker in vergleichende Beziehungen zu einander setzte, so daß die Anzahl der für die Feststellung dieser ganz allgemeinen Rechtssätze und Rechtsinstitute heranzuziehenden Rechte nur eine verhältnismäßig geringe, von zufälliger Kenntnis abhängige war. Heute aber hat sich die vergleichende Rechtswissenschaft oder ethnologische Jurisprudenz zum Range einer selbständigen Wissenschaft erhoben, und ihr Bannerträger Post,[2]) wohl der bedeutendste Sachverständige in unserer Frage, da er selbst eine gewaltige Fülle des Rechtsstoffes aller Völker und Zeiten zusammengetragen hat, läßt sich, wie folgt, vernehmen: „Die wichtigste Gruppe von Rechtsinstituten sind natürlich diejenigen, welche sich bei allen Völkern der Erde wiederfinden. In ihnen wird man das allgemein Menschliche im Rechte erblicken dürfen .... Sie sind das Naturnotwendige im Rechtsleben." Und

---

[1]) In diesem Zusammenhange erscheinen besonders beachtenswert die — wenn auch zunächst nur für das Gebiet des Strafrechts ausgesprochenen — Worte v. Liszt's (Vortrag in der J. K. V. 1903 zu Dresden), daß eine Internationale Kriminalistische Vereinigung gebildet werden konnte, da bei allen Nationen in gleicher Weise die Grundformen des Verbrechens sich zeigen und die Mittel seiner Bekämpfung daher überall die gleichen sein müssen.

[2]) Post, Ueber die Aufgaben einer Allgemeinen Rechtswissenschaft, Oldenburg und Leipzig 1891, S. 19. Vgl. a. Darwin, Die Abstammung des Menschen und die geschlechtliche Zuchtwahl, Deutsch von Carus, 2. Aufl., Bd. I, Stuttgart 1871, S. 80.

wenn Immanuel Bekker,[1]) der auf dem Boden der historischen Schule stehende Romanist, in fast wörtlicher Übereinstimmung[2]) mit dem „Vater des Naturrechts“ Hugo Grotius zwei Begriffe nennt, die zu Recht in der Wissenschaft den Namen des Naturrechts tragen, nämlich „das allen einzelnen Rechten der verschiedenen Zeiten und Völker Gemeinsame“ und ferner „was sich mit Notwendigkeit aus der allgemeinen Menschennatur herleiten läßt,“ so ist eben zu sagen, daß das zweite nur eine Folge des ersten ist: weil „es“ allen einzelnen Rechten gemeinsam ist, läßt es sich aus der allgemeinen Menschennatur herleiten.

Was sagen hierzu die Gegner? Hören wir statt vieler drei, deren Anschauungen besonders charakteristisch sind.

Dahn[3]) wendet sich gegen die Worte Ihering's:[4]) „Gewisse Rechtssätze wiederholen sich bei allen Völkern, Mord und Raub sind überall verboten, Staat und Eigentum, Familie und Vertrag kehren überall wieder“ — und sagt: „Es ist ja gar nicht wahr, daß diese Rechtsbegriffe überall wiederkehren. Ist *furtum* germanischer Diebstahl? Gehört zum Mord im römischen Recht Leichenverbergung? Ist *adulterium* christlicher Ehe-

---

[1]) Bekker, Ueber den Streit der historischen und philosophischen Rechtsschule, Akademische Rede, Heidelberg 1886, S. 21 Anm. 53.

[2]) Vgl. Stammler, Ueber die Methode der geschichtlichen Rechtstheorie, Festgabe zu Bernhard Windscheid's fünfzigjährigem Doctorjubiläum, Halle a. S. 1888, S. 46

[3]) Dahn, Die Vernunft im Recht. Grundlagen der Rechtsphilosophie, Berlin 1879, S. 141.

[4]) v. Ihering, Der Zweck im Recht, Bd. I, Leipzig 1877, S. 431.

bruch? Ist der Vertrag der römischen *obligatio* die deutsche Dingung? . . ."

Es ist unschwer, dies zu widerlegen. Freilich sind furtum und Diebstahl, adulterium und Ehebruch, der Vertrag der *obligatio* und Dingung nicht identisch. In allen diesen Fällen handelt es sich aber nur um feinere Modificationen eines ganz allgemeinen Begriffes als solchen, der in Rom, wie bei den Germanen, damals und heute ein und derselbe ist. „Vertrag" bedeutet in unserem Zusammenhange nichts weiter als den Gegensatz des Treubruchs. Ob nun das positive Recht eines bestimmten Staates mehr das persönliche Band zwischen den Beteiligten oder den sachlichen Inhalt des Schuldverhältnisses hervorhebt, kann nichts daran ändern, daß der Vertrags begriff beiden Rechten gleichmäßig eigen ist. Und nur darauf kommt es hier an. Denn wo Treubruch Recht ist, können Menschen nicht geordnet neben einander leben, wohl aber können sie dies, wie die Geschichte lehrt, mag nun obligatio, Dingung — oder der § 241 BGB.'s dem Schutze der Vertragstreue dienen. Und analog gilt das Gesagte für die anderen Rechtsbegriffe: Diebstahl,[1]) Mord, Ehebruch. So viel gegen Dahn.

---

[1]) Auch in Sparta war der Diebstahl verboten, obschon er straffrei blieb, falls der Täter sich dabei nicht ertappen liess — eine Absonderlichkeit, die sich nur aus dem Gedanken erklären läßt, daß die Gewandtheit im Interesse kriegerischer Ausbildung selbst um einen solchen Preis gefördert werden sollte, wobei allerdings zu bemerken ist, daß die Spartaner im wesentlichen im Kommunismus lebten und weder Gold- noch Silbergeld hatten. Plut. Lyk. 9. Vgl. Leist, Graeco-italische Rechtsgeschichte, Jena 1884, S. 303.

Eine wahre Anomalie bezüglich der Behandlung des Diebstahls findet sich im alt-ägyptischen Recht: Hier war der Diebstahl tatsächlich

Dem Naturrecht im weitesten Sinne des Wortes erstand in Bergbohm sein erbittertster Gegner. Dieser behauptet,[1]) daß es in Wahrheit keine absoluten d. h. mit absoluter Geltung ausgestatteten Rechtssätze im Zusammenleben der Menschen gebe, sondern daß diese stets noch näher, wenn anders sie brauchbar sein sollen, determiniert d. h. durch konkrete Bestimmungen umgrenzt oder eingeschränkt werden müssen. Wenn er nun zum Beweise dieser seiner Behauptung den Befehl des Dekalogs „Du sollst nicht töten" anführt und eine ausführliche Erörterung hieran knüpft, „wie es mit der Absolutheit dieser Norm steht," so gehen seine Ausführungen fehl und zwar aus folgenden Gründen: Im alten Testament gibt es in Wahrheit gar keinen solchen Satz. Denn es heißt im Dekalog nicht: Du sollst nicht töten (*lo tiqtol*) — wenn es auch gewöhnlich und selbst von Luther so übersetzt wird —, sondern Du sollst nicht morden (*lo tirzach*). Dieser Kardinalfehler zieht die folgenden Fehler nach sich, dass Bergbohm genötigt ist, um durch Determinationen zum Richtigeren

---

irdisch straffrei, indem seine Bestrafung nur dem jenseitigen Gerichte, dem „Totengerichte", überlassen wurde, was wiederum mit der Grundanschauung der alten Ägypter von der blos provisorischen Bedeutung des irdischen Richtens zusammenhängt. Allerdings waren sie genötigt, um ein geordnetes Zusammenleben aufrecht zu erhalten, wenigstens auf administrativem Wege dem Diebstahl Einhalt zu tun, was sie auf folgende seltsame Weise zu erreichen suchten: „Die das Diebshandwerk Treibenden wurden beim Diebshauptmann in ein Register eingezeichnet und mußten diesem das Gestohlene vorzeigen. An den Diebshauptmann lieferte der Bestohlene ein schriftliches Verzeichnis der gestohlenen Sachen ein, worauf er dieselben zurückerhielt." Vgl. Gell. XI, 18. Leist, a. a. O., S. 743 u. 744.

[1]) Bergbohm, a. a. O., S. 420 Anm. 9.

zu gelangen, zu sagen, was aber falsch ist: „Du sollst nicht Menschen töten“ und ferner: „Du sollst nicht andere Menschen — willkürlich — töten.“ Entsprechend diesem Fehler, der Verwechselung von „Du sollst nicht morden“ mit „Du sollst nicht töten“, sind auch die spezielleren Ausführungen Bergbohm's nicht zutreffend, da Moses nicht bloß als Gesetzgeber viele Verbrechen mit Todesstrafe belegt (z. B. Ehebruch), sondern auch als Richter Menschen hat hinrichten lassen (z. B. jenes Weib, das am Sabbath Holz auflas) und endlich selber die Israeliten in der Schlacht gegen die Feinde angeführt hat. Das Kriterium des Mordes im Gegensatze zur Tötung ist vielmehr in unserem ganz allgemeinen Zusammenhange das Hinüberführen eines Menschen aus dem Leben in den Tod von Seiten eines Einzelnen zu ungerechten egoistischen Zwecken. Ferner zeigt das Beispiel des Verbotes: „Du sollst nicht ehebrechen“, daß in diesem Ausdruck allein für jetzt und alle Zeiten, für diesen und jeden beliebigen Ort, für diese und alle möglichen Umstände der Geschlechtsverkehr mit einer bewußtermaßen an eine andere verheirateten Person verboten ist. Das Gleiche gilt ferner z. B. vom Verbote des Meineides („Du sollst den Namen des Herrn, Deines Gottes, nicht mißbrauchen“).

Unter allen Denen, die in unseren Tagen die extremen Konsequenzen der historischen Rechtsschule bekämpft haben, hat Stammler das Problem des Naturrechts am tiefsten erfaßt. Seinen Lehren gebührt daher ein näheres Eingehen. So weit seine Ausführungen der Widerlegung des Lehrsatzes der historischen Schule, „daß es nun überhaupt nicht angehe, naturrechtliche Sätze über dem geltenden positiven Rechte einzusehen und darzutun,"[1]) dienen und damit das Vorhandensein, sowie die Notwendigkeit der naturrechtlichen Frage, worauf wir später einzugehen haben werden, zum Ausdruck bringen, sind sie ein Muster scharfsinniger und überzeugender Kritik; so weit sie aber positiv-aufbauender Art sind, können wir ihnen, wenigstens inbezug auf das uns hier beschäftigende Problem des Naturrechts, nicht beipflichten. Stammler sagt in seiner „Lehre von dem richtigen Rechte:"[2]) „Es gibt keinen einzigen Rechtssatz, der seinem positiven Inhalte nach *a priori* feststände" und hat diese Ansicht bereits in seinem Werke „Wirtschaft und Recht" § 32 („Unhaltbarkeit eines *a priori* feststehenden Rechtsinhaltes") zu begründen versucht.

Es ist nun aber keineswegs zutreffend, wenn Stammler behauptet, dass überhaupt gar kein *a priori* festzustellender Rechtsinhalt existiere, und daß jeder geschichtlich zu Tage tretende Rechtsinhalt erst rein empirisch sich ergebe. Denn die Verbote des Mordes und des Diebstahls, die Institute des Eigentums und des Vertrages, um nur diese Beispiele anzuführen, sind ein stets und überall vorhandener unveränderlicher Inhalt irgend welches denkbaren Rechts und zwar aus dem Grunde, weil ein geordnetes menschliches Zusammenleben in welcher Form auch immer, sei es im staatlichen, sei es im vorstaatlichen Zustande, ohne diesen

---

[1]) Stammler, Wirtschaft und Recht nach der materialistischen Geschichtsauffassung, Leipzig 1896, S 185.

[2]) Stammler, Die Lehre von dem richtigen Rechte, Berlin 1902, S. 117.

Inhalt nicht denkbar ist. Ehe wir nämlich daran denken können, einzelne Bedürfnisse, sei es physiologischer oder psychischer Art zu befriedigen — und Das ist das Entscheidende –, was allerdings, wie Stammler[1]) richtig hervorhebt, etwas rein Empirisches ist, müssen wir so gestellt sein, daß die mit uns im Staat oder außerhalb des Staates zusammenlebenden Menschen uns die freie Bewegung gestatten, selbst nur zu atmen, Wasser aus der Quelle zu schöpfen usw. Das bedeutet nichts anderes als: es muss der eine die Rechtssphäre des anderen, sei es nun, wie im Staate, im Sinne des positiven Rechts, sei es nun, wie im vorstaatlichen Zustande, im Sinne des Natur- oder Vernunftrechts achten. Hieraus folgt, dass eine, wenn auch vielleicht noch so geringe Summe von Rechtsnormen und Rechtsinstituten da sein muss, die dies zu Wege bringt.

Es ist gar keine Frage, dass Stammler Recht hat, wenn er mit seinen Aufstellungen die bei weitem größte Zahl der zu befriedigenden Bedürfnisse, die unzweifelhaft stets und überall konkreter und darum auch je nach Nationalität, Ort und Zeit schwankender Natur sein werden, hat treffen wollen. Es ist also darum mit Recht jedes ins einzelne gehende Natur- oder Vernunftrechtssystem, das sogenannte alte Naturrecht, zu verwerfen. Keineswegs aber trifft Stammler damit jene allerallgemeinsten Rechtssätze und Rechtsinstitute, wie wir deren einige oben angeführt haben, ohne die kein geordnetes Zusammenleben der Menschen möglich, und deren Zahl verhältnismäßig gering ist.

---

[1]) Stammler, a. a. O. (Wirtschaft und Recht), S. 178.

Aus dem Gesagten folgt, daß, wenn auch nur ein einziger Rechtssatz sich als dauernd und unveränderlich d. h. als *conditio sine qua non* menschlichen Zusammenlebens erweisen sollte, jener Satz fallen muß, daß neben dem in die geschichtliche Erscheinung tretenden empirisch gegebenen Rechte der einzelnen Staaten kein anderes d. h. also kein Natur- oder Vernunftrecht existiert. Letzteres gibt Stammler zu, ersteres nicht. Denn nach ihm[1]) besteht ein Naturrecht, aber mit wechselndem Inhalte, nämlich „diejenigen Rechtssatzungen, welche unter empirisch bedingten Verhältnissen das theoretisch richtige Recht enthalten." Die Ausführung dieses Gedankens liegt in der „Lehre von dem richtigen Rechte." Wenn Stammler[2]) nun sagt: „Es ist aber nicht möglich, in der menschlichen Natur eine Grundlage von voller Allgemeingültigkeit derartig zu erhalten, daß nun auch der Inhalt von rechtlicher Regelung als ein zu allen Zeiten und an jedem Orte allgemein geltender daraus sich notwendig ableiten ließe" — so ist darauf zu erwidern: Auf die Natur des Menschen zurückzugehen, würde uns allerdings in diesem Falle nichts nützen, um aus ihr eine aprioristische Norm für das Recht d. h. also ein Vernunftrecht zu holen; hierfür ist allerdings die Natur die Quelle nicht. Aber sehr wohl kann eine solche aprioristische Norm aus dem Wesen des jetzt lebenden Menschen d. h. aus der Beschaffenheit seiner jetzigen psychischen Anlagen geholt werden. Dieses Wesen hat sich eben erst aus dem von der Natur

[1]) Stammler, a. a. O., S. 185.
[2]) Stammler, a. a. O., S. 180.

ursprünglich Gesetzten im Laufe sehr vieler Jahrtausende allmählich genetisch entwickelt und auf das einzelne Individuum weiter vererbt. Die hierher gehörenden Anlagen sind, wie wir später noch näher erörtern werden, psychischer Art und bestehen hauptsächlich in einem ganz bestimmt gearteten, dem von der Natur allein gesetzten Selbsterhaltungsstreben oder Egoismus entgegengesetzten Triebe[1]) und gewissen diesen wachrufenden Gefühlen resp. den diese hervorrufenden Vorstellungen, deren Substrat allerdings, wie das ja der Vorgang der Vererbung mit sich bringt, nur ein anatomisches mit ganz bestimmten lediglich physiologischen Funktionen ausgestattetes, also physisches sein kann. Dieses anatomische Substrat mit seinen physiologischen Funktionen muß man sich eben infolge einer durch sehr viele Jahrtausende gehenden Entwickelung und Vererbung verändert denken. Wie diese ursprünglich von der Natur gesetzte anatomisch-physiologische und daraufhin psychische „Natur“ des Menschen zu dem jetzigen Wesen geworden ist, kann hier nur kurz angedeutet werden. Durch häufige Gewohnheit und Übung werden nämlich die bewußten psychischen Vorgänge entweder ganz unbewußt oder deren Bewußtsein abgeschwächt. Und zwar geschieht dies dadurch, daß die Widerstände in den Bahnen des Centralnervensystems und des Nervensystems überhaupt geringer werden — wahrscheinlich infolge einer physi-

[1]) Das Nähere über diesen, den sittlichen Trieb, wie er in Wilhelm Storn's „Kritischer Grundlegung der Ethik als positiver Wissenschaft“, Berlin 1897, statuiert und begründet worden ist, und die damit zusammenhängenden Aufstellungen werden wir später ausführen.

kalischen Veränderung der Moleküle der Nervensubstanz d. h. ihrer Lage —, wodurch die psychischen Vorgänge, ebenso wie die Vorgänge in den Nervenbahnen schneller ablaufen, weil sie eben jetzt in beschränkteren Bahnen verlaufen d. h. keine Seitenwege einschlagen und sich nicht bis zu den Partieen des Großhirns verbreiten, welche den mit Bewußtsein verbundenen Funktionen dienen, wie dies ursprünglich der Fall war.

Hieraus ergibt sich, daß es nicht richtig ist, zu sagen, wie Stammler[1]) dies tut, daß der Mensch, wie er jetzt ist, nichts weiter als „physiologische Anlagen und Fähigkeiten" auf die Welt mitbringe, die ihrer „Ausbildung und Erziehung allererst noch harren" — abgesehen davon, daß in dieser Formulierung überhaupt, gleichviel ob beabsichtigt oder nicht, der psychologische Bestandteil eines dogmatischen Materialismus liegt, der, wie jede dogmatische Metaphysik, unbeweisbar ist. Der jetzt lebende einzelne Mensch bringt eben noch, abgesehen von anderen psychischen Kräften, die teils hierher gehören, teils nicht hierher gehören, eine sittliche Anlage in der Form eines ganz bestimmten sittlichen Triebes mit auf die Welt, der sich, wie gesagt, ganz allmählich genetisch im Laufe sehr langer Zeiträume entwickelt hat und darum dem Natürlichen oder der Natur entgegengesetzt ist. Nicht also auf die Natur des Menschen, wie Stammler es tut, sondern auf das Wesen des Menschen, wie es geworden ist, muß man zurückgehen, wenn man die Frage nach der Möglichkeit

---

[1]) Stammler, a. a. O., S. 180.

einer aprioristischen Norm für das Recht stellt. Tut man dies aber im Gegensatz zu Stammler, so kommt man auch zur Widerlegung seiner Aufstellung von der „Unhaltbarkeit eines *a priori* feststehenden Rechtsinhaltes.“ Stammler hat daher auch wohlweislich den z. B. von Dahn und Bergbohm gewagten Versuch unterlassen, diejenigen Beispiele von Rechtssätzen, welche für das Vorhandensein eines dauernden und unveränderlichen, zu allen Zeiten und an allen Orten geltenden Rechts, also eines Natur- oder Vernunftrechts von anderen angeführt werden, zu widerlegen, weil sie eben nicht widerlegt werden können.

So viel gegen die Ansichten Derer, die das gleichmäßige Vorhandensein allgemeingiltiger Rechtsbegriffe bei allen Völkern und zu allen Zeiten in Abrede stellen.

Es gilt jetzt zu der Auffassung Stellung zu nehmen, welche die Möglichkeit bestreitet, an das positive Recht einen kritischen Maßstab von einem außerhalb desselben stehenden Rechte, einem Vernunft- oder Naturrechte, aus anzulegen. Dies ist das Problem der naturrechtlichen Frage im eigentlichen Sinne.

Daß Bergbohm[1]) nur auf dem Wege des Trugschlusses das Vorhandensein dieser Frage bestreiten kann, hat Stammler[2]) überzeugend nachgewiesen. Denn mit dem Satze Bergbohm's, daß unmöglich zu gleicher Zeit und am gleichen Orte zwei Rechte, das positive und das vernunftgemäße, in Geltung sein können, ist über unsere Frage garnichts ausgesagt: es wird ja

---

[1]) Bergbohm, a. a. O., S. 397 ff.

[2]) Stammler, a. a. O., S. 174.

garnicht behauptet, daß das Vernunftrecht neben dem positiven Recht in tatsächlicher Geltung stehe mit bindender Kraft denen gegenüber, die ihm unterworfen seien. Legen wir doch ferner auch täglich an unser geltendes Recht einen kritischen Maßstab an, was wir zwar auch bisweilen durch Vergleich mit dem positiven Recht irgend eines anderen Staates tun können; in sehr vielen Fällen aber wollen wir ganz ohne Kenntnis eines anderen positiven Rechts Mängel des geltenden Rechts, mit dem wir uns im Widerspruch befinden, im Wege der Reform beseitigen.

Wenn nun Bergbohm[1]) weiter sagt, daß das „Einschiebsel Recht" in der Bezeichnung Vernunftrecht „erschlichen" sei, weil, wenn wir eine Handlung als vernunftrechtswidrig bezeichnen, damit nur gesagt werde, daß sie einfach unvernünftig sei, so ist dies gleichfalls unrichtig. Zum Beweise dieser seiner Behauptung wählt Bergbohm auch hier wieder ein Beispiel, das die Sache nicht trifft. Denn, falls ein „absoluter Herrscher Strafgesetze gegen Hexen und Zauberer erließe", so wäre dies freilich ein Verstoß gegen die bloße Vernunft, weil die Frage, ob es in der menschlichen Natur derartige übersinnliche Kräfte gibt, eine rein theoretische (d. h. der Erkenntnis angehörende) und zwar naturwissenschaftliche ist, während es sich beim Recht um practische (d. h. der Willenssphäre angehörende) Fragen handelt. Hätte Bergbohm der Rechtssphäre angehörende Beispiele gewählt, so würde er gesehen haben, daß durchaus nicht inbezug auf eine

---

[1]) Bergbohm, a. a. O., S. 445 u. f.

bestimmte Handlung ihre Kennzeichnung als „vernunftrechtswidrig“ und „einfach unvernünftig“ zusammenfällt. Das gemeine Recht läßt z. B. bei schwerem und großem Diebstahl Todesstrafe eintreten. Diese Bestrafung des Diebstahls mit dem Tode ist aber nicht einfach unvernünftig, sondern vernunftrechtswidrig, weil bei einer solchen Auffassung des Diebstahls als Kapitalverbrechen sowohl vom Standpunkte der Vergeltungstheorie aus Schuld und Strafe in keinem Verhältnis zu einander stehen, indem die Strafe für die Verletzung des Rechtsgutes des Eigentums der Strafe für die Verletzung des Rechtsgutes des Lebens gleichgestellt wird, die ja auch nicht schwerer als mit dem Tode geahndet werden kann, als auch vom Standpunkte der Zweck- oder Schutztheorie aus das Schutzbedürfnis der Gesellschaft dem Diebe gegenüber für ebenso groß gehalten wird, wie dem Mörder gegenüber.

Schließlich ist aber der Streit, ob dem Natur- oder Vernunftrecht die Bezeichnung „Recht“ beigelegt werden darf, nur ein Streit um Worte. Wenn man, wie Stammler[1]) treffend hervorhebt, den aus der Phantasie eines Morus oder Bellamy erwachsenen „Rechts“-systemen diese Bezeichnung nicht wird absprechen können, so ist nicht einzusehen, warum nicht auch jedes andere neben dem positiven bestehende Recht den Namen „Recht“ führen sollte. —

Das Ergebnis der bisherigen Darlegungen ist dieses: Die gleichmäßige Wiederkehr der allgemeinsten Rechtssätze und wichtigsten Rechtsinstitute in den Rechten

[1]) Stammler, a. a. O., S. 175.

aller Zeiten und Völker einerseits, die tatsächlich vorkommende Anlegung eines kritischen Maßstabes an das positive Recht andererseits lassen keinen anderen, als den *direkten* Schluß auf das Vorhandensein eines Rechts *neben* dem positiven Rechte zu: eines Vernunft- oder Naturrechts. Aber auch ein *indirekter* Weg führt zu demselben Ziel: die Kritik der Aufstellungen der historischen Rechtsschule. Diese Kritik, auf die später näher einzugehen sein wird, zeigt mit gleicher Deutlichkeit, daß ein Auskommen ohne die Annahme eines neben dem positiven Rechte bestehenden *anderen* Rechts nicht möglich ist, wenn anders man den hierher gehörenden Erwägungen, von denen uns bisher nur zwei näher beschäftigt haben, vollauf gerecht werden will.

II.

Wir stehen nunmehr vor der Frage: Welches ist der Ursprung und das Wesen dieses von uns als wirklich vorhanden nachgewiesenen „anderen“ Rechts, des Natur- oder Vernunftrechts?

Es ist klar, daß die allerletzte Quelle des Vernunftrechts, wie jedes Rechts überhaupt, d. h. also auch des positiven, nur die Pflicht und die Tugend der Gerechtigkeit sein kann. Dies sind aber ethische Begriffe. Daraus folgt, daß ein Natur- oder Vernunftrecht in dem hier in Frage kommenden Sinne auf keinem anderen Grunde, als auf dem Grunde der Ethik aufgebaut werden kann. Es leuchtet ferner ein, daß vom wissenschaftlichen Standpunkte aus jedes ethische System als Fundament des Vernunftrechts ausscheiden muß, das seinerseits auf göttliche Intentionen oder metaphysische Speculationen zurückzugreifen genötigt ist. Denn ohne den sonstigen Wert besonders der religiösen, vielleicht auch der metaphysischen Konceptionen irgendwie in Abrede stellen zu wollen, muß doch zugegeben werden, daß die Wissenschaft da aufhört, wo man sich auf diese Konceptionen als Voraussetzungen stützt. Nur eine von allen religiösen und metaphysischen Voraussetzungen unabhängige Ethik kann daher überhaupt als Grundlage eines wissenschaftlichen Vernunftrechts in Betracht kommen.

Daß es aber sehr wohl möglich ist, ein Vernunftrecht auf eine von allen religiösen und metaphysischen Voraussetzungen unabhängige Ethik zu gründen, wollen wir im Folgenden zeigen.

Ein diesen Anforderungen gerecht werdendes ethisches System ist Wilhelm Stern's „Kritische Grundlegung der Ethik als positiver Wissenschaft." [1]. An der Hand dieses Systems soll im Folgenden — wenn auch nur in weiten Umrissen — gezeigt werden, wie die Ableitung eines Vernunftrechts auf der Grundlage einer positiv-wissenschaftlichen Ethik zu denken ist.

Der allgemeine Standpunkt der „Ethik als positiver Wissenschaft" ist der kritische Positivismus. Dieser verwirft in Übereinstimmung mit der Auffassung Comte's, des Begründers des Positivismus überhaupt, jede dogmatische Metaphysik, hält aber im Gegensatze zur Auffassung Comte's dessen Positivismus, der, nur den äußeren Sinnen trauend, alle Erscheinungen nur für äußere hält, für einen naiven oder unkritischen Realismus, der sich zu sehr dem dogmatischen Materialismus nähert. Der hier gemeinte kritische Positivismus dagegen läßt die Möglichkeit offen, daß es außer dem materiellen Prinzip auch ein von diesem

[1]) Wilhelm Stern, Kritische Grundlegung der Ethik als positiver Wissenschaft, Berlin 1897 (s. Überweg-Heinze, Grundriß der Geschichte der Philosophie, Bd. IV., 9. Aufl, Berlin 1902, S. 347). Vgl. auch Wilhelm Stern, Die allgemeinen Prinzipien der Ethik auf naturwissenschaftlicher Basis, Berlin 1901, welchen die obige Darstellung hauptsächlich entnommen ist.

dem Wesen nach verschiedenes geistiges Prinzip gibt. Vom Standpunkte des kritischen Positivismus aus erscheint die Annahme, daß es ein Geistiges gibt, als die fruchtbarste Hypothese oder geeignetste Maxime der Spezialforschung ausschließlich auf geisteswissenschaftlichem Gebiete, und die Annahme, daß es eine Materie gibt, als die fruchtbarste Hypothese oder geeignetste Maxime der Spezialforschung ausschließlich auf naturwissenschaftlichem Gebiete. Eine derartige Beschränkung auf die betreffenden Gebiete legt sich weder der kritische Idealismus Kant's, noch der kritische Materialismus du Bois-Reymond's auf, als deren Vereinigung der hier in Frage stehende kritische Positivismus erscheint. Eine andere Art der wissenschaftlichen Forschung aber als die Einzelforschung gibt es für diesen kritischen Positivismus nicht.

Aus dem Gesagten ergibt sich, daß die positivwissenschaftliche Ethik nach dem dargelegten kritischen Positivismus nicht auf allgemeine dogmatisch-metaphysische, sei es idealistische sei es materialistische Voraussetzungen gegründet werden kann, sondern daß sie nur eine positiv-wissenschaftliche oder positivistische, also eine Einzelwissenschaft wird sein können, die, wie alle anderen Einzelwissenschaften, ihre allgemeinen Voraussetzungen von anderen, allgemeineren Einzelwissenschaften herholt. Dem entsprechend verwirft der kritische Positivismus auch alle spezielleren oder näheren, sei es bejahenden oder verneinenden dogmatisch-metaphysischen Voraussetzungen der Ethik, wie zunächst die dogmatische Anerkennung oder dogmatische Negation der Teleologie. Die einzige für die positiv-wissenschaftliche Ethik unentbehrlich erscheinende speziellere oder nähere Voraussetzung ist die deterministische Willensfreiheit, welche durch eine wissenschaftlich gehaltene empirische Psychologie begründet werden kann.[1])

Die Methode[2]) der positiv-wissenschaftlichen Ethik kann, wie sich aus den bisherigen Ausführungen ergibt, nur die induktive und speziell die genetische sein, welche die Entstehung der Sittlichkeit auf ein allmähliches Werden, eine während sehr vieler Jahrtausende sich vollziehende Entwicklung und Vererbung innerhalb des Menschengeschlechtes und der Tiergeschlechter zurückführt. Als besondere Forderung stellt die Ethik als positive Wissenschaft die auf, daß das Grundprinzip oder Fundament der Ethik auch die wenigen, aber deutlichen, bei den Tieren vorkommenden sittlichen Erscheinungen miterklärt. Denn ein Grundprinzip der Ethik, welches die auch bei den Tieren vorkommenden einfacheren sittlichen Erscheinungen nicht zu erklären vermag, wird die beim Menschen vorkommenden komplizierteren erst recht nicht zu erklären imstande sein.

Den Ursprung[3]) der Sittlichkeit führt die positiv-wissenschaftliche Ethik auf die in der Urzeit stattgefundene Wechselwirkung zwischen dem Menschen, sowie den beseelten Wesen überhaupt und der un-

---

[1]) Wilhelm Stern, a. a. O. (Grundlegung der Ethik), S. 266–301. Vgl. auch Wilhelm Stern, Meine Auffassung der Willensfreiheit, im Bericht des *4. Congrès international de psychologie*, Paris 1901, S. 365 ff.

[2]) Wilhelm Stern, a. a. O. (Grundlegung der Ethik), S. 237–248.

[3]) Wilhelm Stern, a. a. O., S. 302–370.

beseelten Natur und besonders den Elementen zurück, die in erster Reihe in schädlichen Eingriffen der letzteren ins psychische Leben der ersteren besteht, welche stets zunächst, sei es direkt oder indirekt das Gefühlsleben dieser treffen, und auf welche schädlichen Eingriffe alsdann die Reaktion des Menschen, sowie der beseelten Wesen überhaupt gegen die unbeseelte Natur und besonders die Elemente oder die unbeseelte objektive Außenwelt erfolgt. Unter diesen schädlichen Eingriffen der Elemente ins psychische Leben sind hauptsächlich die Eiszeit, Überschwemmungen, Orkane, Hagel, Blitzschlag, anhaltende Dürre, Lawinenstürze, Waldbrände, vulkanische Eruptionen, Erdbeben usw. zu verstehen. Aus diesem gemeinsamen Leide und dieser in der Urzeit unzählige Male gemeinschaftlich geübten Abwehr von Seiten der Menschen und beseelten Wesen überhaupt entwickelte sich im Laufe sehr vieler Jahrtausende im Menschen und den beseelten Wesen überhaupt ein mehr oder weniger deutliches Gefühl der Zusammengehörigkeit mit allen anderen beseelten Wesen den schädlichen Eingriffen der unbeseelten objectiven Außenwelt gegenüber. Ferner entwickelte sich aus diesem gemeinsamen Leide und dieser gemeinschaftlichen Abwehr neben dem von der Natur gesetzten Selbsterhaltungsstreben ein von einem Groll, einer gegensätzlichen feindlichen Stimmung gegen diese schädlichen Eingriffe der unbeseelten Natur und besonders der Elemente getragener objektiver d. h. auf etwas Unpersönliches, Sachliches oder Allgemeines gerichteter Trieb zur Abwehr dieser schädlichen Eingriffe ins psychische Leben überhaupt, der Grundstock des sittlichen Triebes. Dieser hat sich allmählich weiter vererbt und zum objektiven Triebe zur Abwehr aller schädlichen Eingriffe der sowohl unbeseelten, als auch beseelten objektiven Außenwelt ins psychische Leben erweitert, so daß dieser Trieb zuletzt zum objektiven sittlichen Trieb zur Erhaltung des Psychischen in seinen verschiedenen Erscheinungsformen durch Abwehr aller schädlichen Eingriffe in dasselbe geworden ist, welcher das Wesen der Sittlichkeit oder das wirkliche Grundprinzip der Ethik ist.

Vom Grundprinzip der Ethik wird nun zunächst die ethische Regel d. h. das in imperativer Form gehaltene Grundprinzip der Ethik abgeleitet. Diese lautet: Handle soweit, als möglich entsprechend dem Triebe zur Erhaltung des Psychischen oder Geistigen in seinen verschiedenen Erscheinungsformen durch Abwehr aller schädlichen Eingriffe in dasselbe. Ferner wird vom Grundprinzip der Ethik die Moral (oder Lehre von der Sittlichkeit im engeren Sinne d. h. die Lehre von den Tugenden und Pflichten und dem höchsten Gut), sowie endlich das Vernunftrecht[1]) abgeleitet.

Die ethische Regel zerfällt nun in zwei Teile: einen negativen und einen positiven. Der negative Teil lautet: Wehre ab d. h. unterlasse jeden eigenen schädlichen Eingriff in das psychische Leben aller deiner Mitmenschen bezw. aller beseelten Wesen überhaupt. Der positive Teil lautet: Wehre ab jeden schädlichen Eingriff eines anderen Menschen oder beseelten Wesens überhaupt in das psychische Leben aller deiner Mit-

[1]) Wilhelm Stern, a. a. O., S. 410—465.

menschen bezw. aller beseelten Wesen überhaupt. Jener Teil ist Das, was wir Gerechtigkeit nennen, dieser Teil ist Das, was wir die allgemeine oder werktätige Liebe nennen. Jener erste Teil nun, der sich auf die ethische Tugend und Pflicht der Gerechtigkeit zurückführen läßt, kann auch, so wie er auf dem Gebiete der Moral als Gerechtigkeit bezw. Gerechtigkeitsidee zu bezeichnen ist, als Rechtsidee oder Rechtsgedanke bezeichnet werden, sobald wir einerseits von der subjektiven moralischen Gesinnung, die allein auf dem Gebiete der Moral gilt, absehen, und andererseits es uns allein auf den Zweck der Herstellung der Ordnung im Zusammenleben mit anderen Menschen ankommt. Das Gesagte wird sogleich deutlicher werden. Während es nämlich bei der Ausübung jeder ethischen Tugend als solcher, d. h. insofern sie als moralische Eigenschaft betrachtet wird, und jeder Pflicht als solcher, d. h. insofern sie unter dem moralischen Gesichtspunkte betrachtet wird, auf die subjektive sittliche Gesinnung und nicht auf das objektive Resultat der aus ihr fließenden Handlungsweise des Menschen, also nicht auf einen außerhalb dieser liegenden Zweck ankommt, kann es bei der Tugend und Pflicht der Gerechtigkeit auch noch auf etwas Anderes als auf die frei aus der sittlichen Gesinnung kommende Erfüllung dieser Pflicht und die in ihr liegende Verwirklichung dieser Tugend ankommen: auf den Zweck der Herstellung der Möglichkeit eines geordneten Zusammenlebens der einzelnen Individuen, also auf die Herstellung der Ordnung. Insofern nun die Gerechtigkeit zu einem Ordnungsprinzip wird, hört sie auf, eine moralische Eigenschaft des Subjekts und überhaupt eine Eigenschaft des Subjekts zu sein: sie wird alsdann zu etwas Objektivem, nämlich zum Rechtsgedanken oder zur Rechtsidee. Aus diesem Rechtsgedanken nun, der, wie oben gesagt, eine Norm darstellt, fließt, indem sich diese Norm spezifiziert, durch die Tätigkeit des Verstandes oder, wie man gewöhnlich sagt, der Vernunft, unter welcher nichts Anderes als der auf praktischem Gebiete sich betätigende Verstand zu verstehen ist, eine große Anzahl speziellerer Normen (Unternormen), die aber sämtlich einen sehr allgemeinen Charakter an sich haben. Und dieses oberste Prinzip, d. h. der Rechtsgedanke und diese spezielleren, aber immer noch sehr allgemeinen Normen bilden zusammen das Vernunftrecht.[1]) Es handelt sich hier um Etwas, was jeder Mensch von jedem anderen Menschen fordern darf, wozu er ihn vom ethischen Standpunkte aus zwingen darf, weil er sonst neben den anderen Menschen nicht existieren kann. Also das Hervortreten des Gesichtspunktes der zum Zwecke der Herstellung der Ordnung statthabenden sittlichen Zulässigkeit des Zwanges und das Absehen von der subjektiven moralischen Gesinnung sind die unterscheiden-

---

[1]) Bezüglich der Bezeichnung „Vernunftrecht" ist folgendes zu bemerken: Das Vernunftrecht ist zwar inhaltlich gleichbedeutend mit Rechtsphilosophie, philosophischer Rechts- und Staatslehre, Naturrecht, doch vermeidet die positiv-wissenschaftliche Ethik diese letztgedachten drei Bezeichnungen, da sie einerseits auf der Auffassung aufgebaut ist, daß es überhaupt nur positive Wissenschaften oder Spezialwissenschaften gibt, die Bezeichnung „Philosophie" oder „philosophisch" daher keiner Wissenschaft mit Ausnahme der Geschichte der Philosophie zukomme, und andererseits das Natürliche dem Ethischen, wozu ja auch das Recht gehört, entgegengesetzt ist

den Merkmale, welche die als Vernunftrecht erscheinende Gerechtigkeit von der Pflicht und Tugend der Gerechtigkeit trennen.

Hiernach ergibt sich folgende Definition des Vernunftrechts: „Das Vernunftrecht ist die nach Verwirklichung strebende als Rechtsgedanke auftretende Idee der nicht unter dem moralischen Gesichtspunkte der subjektiven Gesinnung, sondern unter dem objektiven Gesichtspunkte des Zweckes als Ordnungsprinzip gedachten und durch die sittliche Zulässigkeit des Zwanges geschützten Gerechtigkeit."

Dies Vernunftrecht darf seinem Inhalte nach nicht mit dem alten Naturrecht verwechselt werden, weil es nicht den Anspruch erhebt, ein in allen seinen speziellen Teilen vollkommenes Rechtssystem zu sein. Das Vernunftrecht enthält zwar alle diejenigen Normen, welche eine Unterlassung schädlicher Eingriffe in die sowohl materiellen, als auch geistigen subjektiven und objektiven Güter der Mitmenschen fordern. Aber diese das Vernunftrecht bildenden Normen — die Rechtsidee oder der Rechtsgedanke mit den aus ihm fließenden allgemeinsten Rechtssätzen und wichtigsten Rechtsinstituten — haben die Eigentümlichkeit, sowie sie ins einzelne sich entwickeln, Modifikationen zuzulassen, die abhängig sind von der Individualität des einzelnen Menschen und der Eigentümlichkeit eines Volksstammes (Nationalität, örtlichen, zeitlichen, wirtschaftlichen Verhältnissen), woraus sich dann die Verschiedenheit der auf das einzelne sich beziehenden Vernunftrechtsanschauungen bei den verschiedenen Individuen und den verschiedenen Völkern ergibt.

Mit anderen Worten: Schon das Vernunftrecht hat, wenn wir von der Rechtsidee oder dem Rechtsgedanken mit den aus ihm fließenden allgemeinsten Rechtssätzen und wichtigsten Rechtsinstituten absehen, deren Uniformität auch nur unter der Voraussetzung einer gewissen Höhe der Kultur gilt, keinen ein für allemal feststehenden Inhalt.

III.

Wie erwächst nun aus diesem Vernunftrecht das positive Recht?

Dadurch, daß zu der sittlichen Zulässigkeit des Zwanges die durch die großen Machtmittel des Staates gelieferte faktische Macht hinzukommt, wird das Vernunftrecht zum positiven Recht. Dieses erstreckt sich aber nur auf einen Teil der Handlungen, welche im Vernunftrecht zu den Rechtspflichten gehören, indem nämlich der einzelne Staat aus der Gesamtheit dieser Rechtspflichten nur die ihm, nicht aber auch allen anderen Staaten gerade für das geordnete Zusammenleben der Staatsangehörigen notwendig erscheinenden heraushebt. Diesen Rechtspflichten wird in der Form des Gesetzes der Charakter der Erzwingbarkeit[1])

[1]) Der Unterschied zwischen Moral und positivem Recht (nicht Vernunftrecht) ist und bleibt der staatliche Zwang. Wenn neuerdings hervorgehoben worden ist (vgl. Jellinek, Allgemeine Staatslehre, Berlin 1900, S. 304—306 und die dort Citierten), dass es nicht der staatliche Zwang allein, sondern noch andere Momente, z. B. soziale Sitte, Kirche, Anstand, Presse sind, um die es sich hier handelt, daß also der Oberbegriff der „Garantie", der beides, d. h. sowohl den staatlichen Zwang, als auch diese Momente in sich begreift, das hier allein richtige ist, so ist dagegen folgendes zu sagen: Es handelt sich hier um die Frage, was den über die moralischen Normen, wie überhaupt über alle die edlere Menschlichkeit bezeichnenden Rücksichten sich

beigelegt, der ihnen aber auch durch die Anerkennung als Gewohnheitsrecht zu Teil werden kann. Den übrigen Teil der nach dem Vernunftrecht bestehenden Rechtspflichten überläßt der Staat dem Gebiete der Moral oder, objektiv ausgedrückt, d. h. wenn man von der moralischen Gesinnung absieht, dem Vernunftrecht.

Es leuchtet ein, daß die allgemeinsten Ableitungen vom Rechtsgedanken, die allgemeinsten Rechtssätze und wichtigsten Rechtsinstitute in ihren gröbsten Zügen, in den verschiedenen Rechten der Kulturstaaten dieselben d. h. konstant sein werden. Weniger Übereinstimmung wird vorhanden sein inbezug auf die allgemeinen, ebenfalls dem Vernunftrecht angehörenden Rechtssätze und Rechtsinstitute. Das positive (erst vom Vernunftrecht abgeleitete) Recht eines bestimmten einzelnen Staates in seinem gesamten Ausbau stellt sich als eine Verwirklichung des Rechtsgedankens dar, aber einerseits nur im Sinne einer geeigneten Auswahl aus den allgemeinen vernunftgemässen Rechtsnormen, die sich auch hier, d. h. beim positiven Recht je nach Nationalität, örtlichen, zeitlichen, wirtschaftlichen Verhältnissen u. dgl. richten wird. Andererseits werden die vom positiven Recht der einzelnen Staaten ausgewählten allgemeinen Sätze in ihren speziellen und speziellsten Ausläufern ganz besonders von den erwähnten Verhältnissen und sogar oft von äusseren und zufälligen Momenten beeinflusst. Und man darf sich nicht verhehlen, daß zu diesen zufälligen Momenten

hinwegsetzenden im Staate lebenden Menschen veranlaßt, legal zu handeln. Die Antwort ist eben die, daß es nur der staatliche Zwang ist, der dies leisten kann.

bisweilen auch fehlerhafte Auffassungen der Gesetzgeber, Interessen der politischen Parteien u. dgl. gehören.

Es sind also als Teile sowohl des Vernunftrechts, als auch des positiven Rechts der einzelnen Staaten — abgesehen vom Rechtsgedanken oder der Rechtsidee — zu bezeichnen:

1. die allgemeinsten Rechtsbegriffe (Rechtssätze und Rechtsinstitute),
2. die vom Gesetzgeber ausgewählten allgemeinen Rechtsbegriffe (Rechtssätze und Rechtsinstitute).

Dahingegen sind nicht als Teile des Vernunftrechts anzusehen

3. die speziellen und speziellsten durch das Vernunftrecht nicht näher angebbaren einzelnen Sätze des positiven Rechts, die der Zahl nach den bei weitem größten Raum in jeder Gesetzgebung einnehmen.

Hierbei ist aber zu bemerken, daß auch diese Normen wegen ihrer gar zu speziellen Natur, d. h. wegen ihrer gar zu großen Abhängigkeit von Verhältnissen, die sich allgemein begrifflich nicht fixieren lassen, und ihrer damit zusammenhängenden Veränderlichkeit — woraus sich eben das gänzlich verschiedene Bild ihrer Ausgestaltung in den einzelnen positiven Gesetzgebungen ergibt — zwar von den allgemeinen Sätzen des Vernunftrechts durch den Gesetzgeber abgeleitet sind, soweit sie eben wahres Recht und kein Unrecht sind, aber zuletzt doch nur die an sie zu stellende Forderung befriedigen können, daß sie nicht im Widerspruch mit dem betreffenden allgemeinen Satze des Vernunftrechts stehen, von dem sie tatsächlich durch den Gesetzgeber — sei es bewußt oder unbewußt — abgeleitet werden. Ist letzteres nicht der Fall, so befinden sich die dem Gesetze Unterworfenen ihrem Rechtsgefühle nach im Widerspruche mit einem solchen Gesetze.

Das positive Recht eines einzelnen Staates ist also eine Verkörperung der Rechtsidee, und nur insoweit ist es dies nicht, als es dem Vernunftrecht zuwiderläuft, also nicht von diesem abgeleitet ist.

Zur völligen Klarstellung des Verhältnisses zwischen dem positiven und dem vernunftgemässen Rechte bedarf es noch der Hervorhebung des Gesichtspunktes, daß das Vernunftrecht bisher von uns nur in seiner theoretischen Bedeutung behandelt ist und dem positiven Rechte in dieser Gestalt keinerlei Schaden anzutun vermag. Dies hat aber auch für die praktische Betätigung des Vernunftrechts zu gelten, an der man mit Birkmeyer[1]) drei Seiten unterscheiden kann: Richterliche Interpretation, richterliche Ergänzung von Lücken, richterliche Korrektur des positiven Rechts. Es ist nun mit aller Schärfe zu verneinen, daß das Vernunftrecht die Kraft hat, jemals das positive Recht zu korrigieren d. h. abzuändern oder aufzuheben; wohl aber vermag es bei der Interpretation oder bei der Ergänzung von Lücken des positiven Rechts dem Richter helfend zur Seite zu stehen. Das Verhältnis zwischen vernunft-

---

[1]) Birkmeyer, Kritik von *J. Ortolan*, *Éléments de droit pénal. Pénalité — Juridictions — Procédure. 5. édition par Albert Desjardins*, Kritische Vierteljahresschrift für Gesetzgebung und Rechtswissenschaft, München und Leipzig, Bd. 31 (1889), S. 570 ff.

gemäßem und positivem Recht in praktischer Beziehung läßt sich nicht besser ausdrücken, als mit den Worten Feuerbach's:[1]) „Wo der Gesetzgeber spricht, da muß freilich die Philosophie verstummen, aber wo er schweigt, da tritt sie in ihre alten Rechte ein."

[1]) Feuerbach, Über Philosophie und Empirie in ihrem Verhältnisse zur positiven Rechtswissenschaft, Landshut 1804, S. 82

IV.

Aus den bisherigen Darlegungen hat sich die Notwendigkeit der mannigfachen und eigentümlichen Gestaltung des positiven Rechts der einzelnen Staaten ergeben, womit auch zugleich die logische Notwendigkeit der historischen — allerdings neben der vernunftgemäßen — Auffassung der Entstehung (Quelle) des Rechts zum Ausdruck gebracht ist.

Damit stehen wir aber bereits in der Frage, ob und in welchem Gegensatze die bisherigen Darlegungen zu den Lehren der historischen Rechtsschule stehen.

„Das Recht ist eine gemeinsame Überzeugung der in rechtlicher Gemeinschaft Stehenden." Dies ist mit Puchta's[1]) Worten der Kern seiner und der historischen Schule Lehrmeinung. — Es ist das große Verdienst Bergbohm's,[2]) mit unerbittlicher Schärfe die Selbstwidersprüche und Verleugnungen des historischen Prinzips zu Gunsten des naturrechtlichen in den Schriften Savigny's und Puchta's aufgedeckt zu haben, beginnend mit dem mystischen Volksbewußtsein als Rechtsquelle bis zur Stabilierung der Wissenschaft als rechtserzeugender Potenz.

---

[1]) Puchta, Pandekten, 12. Aufl. (besorgt von Schirmer), Leipzig 1877, S. 19.

[2]) Bergbohm, a. a. O., S. 480ff.; vgl. a. S. 542.

Durchaus begründet erscheint die vielfach vertretene Behauptung,[1]) daß mit den Aufstellungen der historischen Schule die Annahme einer gemeinmenschlichen Rechtsidee sowohl, als auch die Möglichkeit eines Widerspruchs des geltenden Rechts mit den Postulaten dieser Rechtsidee vereinbar ist.

Im engsten Zusammenhange mit der Ansicht Savigny's nämlich, daß die Volksüberzeugung Rechtsquelle, also ohne weiteres Recht sei, stehen die von der historischen Schule verfochtenen Sätze, daß die Gewohnheit nur das Recht bezeuge, und durch Gesetz kein Recht geschaffen, sondern nur erklärt und gesichert werde.[2])

In dem Satze, daß das Rechtsbewußtsein des Volkes ein Erfordernis zur Bildung des Gewohnheitsrechts ist, liegt aber schon die Anerkennung eines neben dem positiven Rechte vorhandenen anderen Rechts, das in den das Volk bildenden einzelnen Individuen lebt.[3]) Und dies ist eben die innerhalb jedes einzelnen Volkes in ihren einzelnen Normen in modifizierter Weise allgemeine Geltung im Bewußtsein der einzelnen Individuen und im Volksbewußtsein erhaltende und unabhängig von allen staatlichen Gesetzen und vor dem Vorhandensein derselben gelegentlich zur konkreten Erscheinung kommende Rechtsidee (Rechtsgedanke). Dies bedeutet aber nichts anderes, als was wir Vernunftrecht nennen.

---

[1]) Gierke, Naturrecht und Deutsches Recht, Frankfurt a. M. 1883, S. 10.

[2]) Bergbohm, a. a. O., S. 507.

[3]) Birkmeyer, a. a. O., S. 558.

Damit ist nun auch zugleich die Möglichkeit eines Widerspruches zwischen diesem Recht und dem positiven Rechte des einzelnen Staates gegeben.

Es ist nun aber weiter nicht zutreffend, daß alles positive Recht im Sinne von Gesetzen aus dem Gewohnheitsrecht hervorgegangen ist. Wenn auch zuzugeben ist, daß bei allen Völkern das Recht mit Gewohnheitsrecht und nicht mit Gesetzen seinen Anfang genommen hat, so braucht dies (von unserem Standpunkte aus) doch nur zu bedeuten, daß das Vernunftrecht seinen unmittelbaren und zwar instinctiven Ausdruck im Gewohnheitsrecht findet, womit natürlich nicht gesagt ist, daß das Gewohnheitsrecht auch stets der wahre Ausdruck der Vernunft ist. Es ist also unrichtig, daß die großen Gesetzeswerke vor allem des Altertums nichts weiter waren als bloße Niederschriften des Gewohnheitsrechts, und daß nicht die großen Gesetzgeber zu allen Zeiten unabhängig vom Gewohnheitsrecht aus der bloßen Vernunft heraus schöpferisch bei ihrer Kodificationsarbeit gewirkt haben.[1]) König Alfred der Große sagt am Schlusse der Einleitung seines Rechtsbuchs: „*Ego Alfredus Rex in unum colligi et litteris consignari iussi multa eorum, quae parentes nostri observabant, quae mihi placebant, et multa eorum, quae mihi non placebant, reieci cum meo sapienti Concilio, et alio modo iussi observari.*" Und dies ist kein einzeln dastehender Fall. Denn nichts Anderes kommt darin zum Ausdruck, daß die Volks-

---

[1]) Auch Lasson (System der Rechtsphilosophie, Berlin und Leipzig 1882, S. 19) spricht von der „schöpferischen Macht der einen Rechtsidee", wenn bei ihm auch „Rechtsidee" etwas Anderes bedeutet, als bei uns.

phantasie in alten Zeiten sich die großen Gesetzgeber[1]) von der Gottheit inspiriert dachte: Lykurg vom delphischen Apollo, Numa von der Nymphe Egeria, Moses und Mohammed von dem einen, einzigen Gott — ähnlich, wie wir auch heute noch sagen, daß Gott sich in den großen Geistern offenbart, daß die Muse hinter dem Dichter steht, was immer nur die Anerkennung und Erklärung der schöpferischen Kraft des menschlichen Genies bedeutet.

Daß auch die Begründer der historischen Schule die schöpferische Kraft der Rechtsidee empfunden haben, erweisen zahlreiche Stellen in ihren verschiedenen Schriften, mögen hier auch von ihrem Standpunkte aus betrachtet lediglich sogenannte Inkonsequenzen vorliegen.[2])

Wenn Dahn,[3]) trotzdem er sich selbst als Anhänger der Savigny'schen Lehre bezeichnet, zwar die Idee des Rechts als gemeinmenschliche, ihre Erscheinung aber als stets individuell verschieden nach dem Volkscharakter und den geschichtlichen Voraussetzungen bezeichnet und das vernunftnotwendige Rechtsideal jedes Volkes und jeder Zeit ein anderes nennt, so ist dies zum Teil zutreffend, zum Teil nicht. Zutreffend insofern, als damit einerseits die Gemeinsamkeit der Rechtsidee, andererseits die Verschiedenheit der von Zeit, Ort und anderen Momenten — nicht etwa bloß von der Natio-

---

[1]) Vgl. Meili, Die Gesetzgebung und das Rechtsstudium der Neuzeit, Dresden 1894, S. 8.

[2]) Bergbohm, a. a. O., S. 495.

[3]) Dahn, Zur Rechtsphilosophie (Bausteine, Vierte Reihe, Erste Schicht: Rechtsphilosophische Studien, Berlin 1883, S. 152).

nalität — abhängigen, den größten Raum in den positiven Gesetzgebungen einnehmenden speziellen und speziellsten Normen zum Ausdruck gebracht wird. Unzutreffend insofern, als damit die ebenfalls und zwar tatsächlich vorhandene Gemeinsamkeit der von der Rechtsidee oder vom Rechtsgedanken abgeleiteten allgemeinsten und allgemeinen Rechtssätze und Rechtsinstitute geleugnet wird. Schließlich muß man doch aber, wenn man eine gemeinmenschliche Rechtsidee annimmt, diese irgendwo herleiten. Das kann aber, wenn man auf dem Boden der Wissenschaft bleiben will, nicht unter Zuhilfenahme göttlicher Intentionen oder metaphysischer Spekulationen geschehen. Dies haben auch die meisten der modernen Anhänger der historischen Rechtsschule erkannt. Und es trennen sich an diesem Punkte ihre Wege. Anstatt jedoch den einzig möglichen Weg einzuschlagen, nämlich die Rechtsidee aus der Lehre von den Handlungen des Menschen, der Ethik, und zwar — was von entscheidender Bedeutung ist — aus einer positivwissenschaftlichen Ethik abzuleiten, verzweifeln die meisten an dieser Lösung, leugnen die Möglichkeit jeder wahren Rechtsphilosophie und ersetzen sie durch die sogenannte allgemeine Rechts- und Staatslehre. So hoch vor allem das Verdienst Adolf Merkel's,[1])

---

[1]) Merkel, Über das Verhältnis der Rechtsphilosophie zur „positiven" Rechtswissenschaft und zum allgemeinen Teil derselben, Grünhut's Zeitschrift für das Privat- und öffentliche Recht der Gegenwart, Wien, Bd. 1 (1874), S. 1 ff. Ferner Merkel, Elemente der allgemeinen Rechtslehre, v. Holtzendorff's Encyclopädie der Rechtswissenschaft, 5. Aufl., Leipzig 1890, S. 5 ff. Vgl. auch Liepmann, Die Bedeutung Adolf

eines gerade durch seine philosophische Schulung ausgezeichneten Juristen des neunzehnten Jahrhunderts, anzuschlagen ist, in der allgemeinen Rechtslehre, die nach ihm nichts anderes ist als der allgemeine Teil der Rechtswissenschaft, eine neue und besondere Disziplin der Rechtswissenschaft geschaffen zu haben, so sehr ist auf der anderen Seite zu beklagen, daß gerade er es war, der durch diese allgemeine Rechtslehre die Rechtsphilosophie zu beseitigen und zu ersetzen geglaubt hat, indem er die allgemeine Rechtslehre für die wahre und einzige Rechtsphilosophie (wenn man eben diesen Namen beibehalten will) erklärte. Er ist dadurch zum Urheber eines extremen Positivismus in der Rechtswissenschaft geworden, so daß sich Steudel[1]) zu der Äußerung versteigen konnte, daß „die Aufstellung einer Rechtsphilosophie ein purer Schwindel“ sei. Da war es denn nur zu erklärlich, wenn Gierke[2]) die Reduzierung der Rechtsphilosophie auf die allgemeine Rechtslehre, die es nicht erheblich weiter gebracht hätte, als eben bis zur Eliminierung der Rechtsidee, beklagte und warnend rief: „Wiederfinden aber werden wir sie müssen, die verlorene Rechtsidee, wenn anders wir uns selbst nicht verlieren wollen.“

Merkel's für Strafrecht und Rechtsphilosophie, Zeitschrift für die gesamte Strafrechtswissenschaft, Bd. 17 (1897), S. 658 ff.

[1]) Steudel, Zum Problem einer Rechtsphilosophie, Zeitschrift für Philosophie und philosophische Kritik, Neue Folge, Halle a. S., Bd. 90 (1887) S. 151.

[2]) Gierke, Kritik von *Francesco Vigliarolo, Le persone giuridiche considerate in rapporto alla filosofia del dritto, Neapel 1880*, Deutsche Litteraturzeitung, Berlin 1881, S. 1971.

Dies kann aber nur auf dem in den vorangegangenen Darlegungen gewiesenen Wege geschehen. Und wenn nicht alle Zeichen trügen, so wohnt dem „schwachen Rest von philosophischem Geiste, den uns die historische Rechtsschule noch gelassen hat"[1]), Kraft genug inne, sich von neuem erfolgreich auf dem Gebiete wahrer Rechtsphilosophie zu betätigen. Aber nicht in dem Sinne, daß damit die allgemeine Rechtslehre, wie sie einst die Rechtsphilosophie zu ersetzen dachte, nunmehr von dieser ihrer Existenzberechtigung beraubt würde. Vielmehr sollen beide Disziplinen neben einander und für einander wirken. Die allgemeine Rechtslehre ist als allgemeiner Teil der Rechtswissenschaft ein Teil dieser selbst. Die Rechtsphilosophie, wie wir sie verstehen, dient der Ableitung der Rechtsidee vom Grundprinzip der Ethik; sie ist ein spezieller Teil der Ethik.[2]) Und ihr Verhältnis zum positiven Recht der einzelnen Staaten ist ausdrückbar durch das Verhältnis des Allgemeinen zum Speziellen resp. Einzelnen. Aber ganz besonders gewissen einzelnen Disziplinen der Rechtswissenschaft leistet die Rechtsphilosophie große Dienste.[3]) Es wäre

---

[1]) Frank, Litteraturbericht, Zeitschrift für die gesamte Strafrechtswissenschaft, Bd. 20 (1900), S. 362.

[2]) Der Unterschied zwischen Rechtsphilosophie und Philosophie des positiven Rechts ist dieser: Die Rechtsphilosophie hat es mit Prinzipien zu tun, die ausserhalb jedes positiven Rechtssystems liegen, greift also zu ethischen Prinzipien zurück. Die Philosophie des positiven Rechts hingegen hat es mit Prinzipien zu tun, die innerhalb eines, mehrerer oder aller bekannten positiven Rechtssysteme liegen.

[3]) Vgl. Schütze, Die Stellung der Rechtsphilosophie zur positiven Rechtswissenschaft und zu deren Allgemeiner Rechtslehre insbesondere,

eine Aufgabe für sich, wenn wir im einzelnen vor allem an den Disziplinen des Staats- und Strafrechts zeigen würden, wie viel Rechtsphilosophisches seinen Niederschlag in den Gebilden des positiven Rechts gefunden hat, was die Philosophen alter und neuer Zeit, Aristoteles, Hobbes, Kant, Hegel, um von allen anderen zu schweigen, für die positive Rechtswissenschaft geleistet haben. Ja selbst das verrufene alte Naturrecht kommt als „Waffe der Aufklärung"[1]) zu Ehren.

Es ist daher verständlich und durchaus zu billigen, wenn Frank[2]) den gegenwärtigen Zustand der Vernachlässigung wahrhaft rechtsphilosophischer Betrachtungen[3]) beklagend sagt, „nirgends mache sich die Tatsache, daß wir dieser Gedankenwelt völlig entfremdet sind (Naturrecht), fühlbarer als auf dem Gebiete des Strafrechts".[4]) Und nichts anderes als die

---

Grünhut's Zeitschrift für das Privat- und öffentliche Recht der Gegenwart, Wien, Bd. 6 (1879), S. 1 ff. Siehe auch Kuhlenbeck, Der Schuldbegriff als Einheit von Wille und Vorstellung in ursächlicher Beziehung zum Verantwortlichkeitserfolg, Leipzig 1892, Vorwort.

[1]) Landsberg, Geschichte der Deutschen Rechtswissenschaft, dritte Abteilung, erster Halbband, München und Leipzig 1898, S. 435.

[2]) Frank, a. a. O. (Naturrecht, geschichtliches Recht und soziales Recht, Leipzig 1891), S. 28.

[3]) Einen rein positivistischen Standpunkt inbezug auf die Behandlung des Strafrechts vertritt Loening, Über geschichtliche und ungeschichtliche Behandlung des Deutschen Strafrechts, Zeitschrift für die gesamte Strafrechtswissenschaft, Bd. 3 (1883), S. 219 ff.

[4]) Vgl. meine Abhandlung „Über den Begriff der Vergeltung", Zeitschrift für die gesamte Strafrechtswissenschaft, Bd. 24 (1904), S. 35 ff.

Betonung der Notwendigkeit einer philosophischen Betrachtung, speziell der Ergänzung der allgemeinen Staatslehre [1]) als positiv-juristischer Disziplin durch die philosophische Staatslehre liegt in den Worten Jellinek's [2]) in seiner „Allgemeinen Staatslehre", daß „eine rein juristische Rechtfertigung für den Staat unmöglich ist". „Vielmehr handelt es sich hier um die in letzter Instanz rein ethische Frage, ob der Staat auf Grund einer über dem Einzelnen und dem Staate und seinem Rechte stehenden Notwendigkeit anzuerkennen sei oder nicht."

Bei dieser Betonung des Neben- und Füreinanderwirkens von Rechtsphilosophie und allgemeiner Rechts- (und Staats) lehre kann aber nicht nachdrücklich genug die Trennung dieser beiden von ganz verschiedenen Gesichtspunkten ausgehenden Disziplinen gefordert werden, womit jedoch nicht gesagt werden soll, daß nur der Philosoph als solcher, nicht aber auch der Jurist die Fähigkeit besäße, ersprießlich auf dem Gebiete der Rechtsphilosophie zu wirken. Zu welcher Verirrung die Vermischung der rein positiven und der philosophischen Rechtsbetrachtung, die Verkennung der Verschiedenheit der Objekte in Rechtsphilosophie und Rechtswissenschaft führen kann, zeigt das Beispiel der unseligen Schrift eines sonst als

---

[1]) Vgl. meine Abhandlung „Die allgemeine Staatslehre und eine positivistische Ethik", Grünhut's Zeitschrift für das Privat- und öffentliche Recht der Gegenwart, Wien, Bd. 31 (1904), S. 87 ff.

[2]) Jellinek, a. a. O, S. 164.

Jurist und Philosoph gleich hervorragenden Mannes: J. H. v. Kirchmann's „Wertlosigkeit der Jurisprudenz als Wissenschaft".[1])

---

[1]) v. Kirchmann, Die Wertlosigkeit der Jurisprudenz als Wissenschaft, Berlin 1848. Dagegen besonders Stahl, Rechtswissenschaft oder Volksbewußtsein? Eine Beleuchtung des von Herrn Staatsanwalt v. Kirchmann gehaltenen Vortrags: Die Wertlosigkeit der Jurisprudenz als Wissenschaft, Berlin 1848.

Von dem Kampf der historischen Rechtsschule mit dem Naturrecht waren wir ausgegangen. Unter Verwerfung des alten Naturrechts haben wir das Vorhandensein eines neben dem positiven Rechte bestehenden anderen Rechts nachgewiesen. Wir haben ferner auf der Grundlage von Wilhelm Stern's „Kritischer Grundlegung der Ethik als positiver Wissenschaft" Ursprung und Wesen dieses anderen Rechts, des Vernunftrechts, und sein Verhältnis zum positiven Recht dargetan, sowie überhaupt die Notwendigkeit einer philosophischen Betrachtung des Rechts neben der rein positiven betont. Von einer absoluten Leugnung jeder wahren Rechtsphilosophie waren im Gegensatze zu den heutigen extremen Vertretern der historischen Schule deren Begründer Savigny und Puchta weit entfernt. Ich schließe mit den Worten dieses treuesten Schülers[1]) des großen Meisters der historischen Rechtsschule: „Vor allem kommt es daher der Philosophie zu, zu zeigen, wie dieses Glied des Weltorganismus aus dem Ganzen hervorgegangen, wie also das Recht überhaupt entstanden, wie die Menschheit zu dem Recht gekommen ist. Darum wird aber auch den Begriff des

[1]) Puchta, Cursus der Institutionen, 10. Aufl., Leipzig 1893, S. 55.

Rechts die Jurisprudenz nur von der Philosophie überkommen können, denn der Begriff beruht auf dem Verhältnis zu den übrigen Gliedern des allgemeinen Organismus. Der Anfang ist nur dadurch zu bestimmen, daß man über ihn hinausgeht zu dem, was vor ihm liegt, also zu einem andern, das nicht in dem Bereich der besonderen Wissenschaft eines Gegenstandes liegt."

Druck von Otto Walter, Berlin S. 14.

MIX
Papier | Fördert gute Waldnutzung
FSC® C083411

Kolibri 360 GmbH
Ferdinand-Jühlke-Straße 7
99095 Erfurt, Deutschland
produktsicherheit@kolibri360.de